AF558650

Das wichtigste Bauvorhaben zur „Martin-Luther-Ehrung 1983 in der Deutschen Demokratischen Republik“ in Erfurt war die Sanierung des Augustinerklosters durch die evangelische Kirche. Blick über die 1945 zerstörte alte Bibliothek auf den rekonstruierten Westflügel.

Erfurt

Die 70er- und 80er-Jahre in Farbe

Die Glockengasse im Andreasviertel war in den 1970er-Jahren trist und grau – aber bewohnt.

Frank Palmowski

Erfurt

Die 70er- und 80er-Jahre in Farbe

SUTTON ARCHIV

Das „Sozialistische Wartekollektiv“ zeigt: Es gibt etwas Besonderes in der Verkaufsstelle des VEB Großhandel Obst, Gemüse und Speisekartoffeln (OGS) in der Bahnhofstraße 46–47/Ecke Hirschlachufer.

Titelbild: Blick auf die Baustelle des Hotels „Kosmos“ im Jahr 1976.
Vorsatz: Rauchzeichen über Erfurt. Blick vom Hotel „Kosmos“ auf den Anger in den 1980er-Jah-ren.
Nachsatz: Am 20. Februar 1990 startete die Allianz für Deutschland, bestehend aus der CDU, dem Demokratischen Aufbruch und der Deutschen Sozialen Union, auf dem Domplatz den Wahl-kampf zur ersten und zugleich letzten freien Volkskammer. Vor rund 100.000 Menschen sprach Helmut Kohl bei der größten politischen Veranstaltung, die es je in Erfurt gab.
Einband hinten: Der Benediktsplatz Ende der 1980er-Jahre. Die tatsächlichen Probleme mit der historischen Bausubstanz zeigten sich immer dramatischer.

Impressum
Sutton Verlag GmbH
Schweickhardtstraße 1
72072 Tübingen
www.suttonverlag.de

5. Auflage 2024
ISBN: 978-3-95400-741-7
Druck: Elma Basim / Türkiye
Gestaltung und Herstellung: Sutton Verlag

Inhaltsverzeichnis

Bildnachweis

Banse, Rüdiger: Seite 30u, 47, 66u, 86, 106o.
Lippmann, Eberhard (Stadtarchiv Erfurt): Seite 18, 107.
Nowatzky, Hans-Joachim (Stadtmuseum Erfurt): Seite 10, 14, 16, 114, 116o, Nachsatz.
Sammlung Palmowski: Seite 9, 26o/u, 32u, 35, 38o, 41u, 42u, 45u, 48o, 59, 60, 63u, 83o, 87o, 91, 94u, 95, 96o, 97, 99o/u, 101o/u, 103, 105, 106u, 110, 111, 112o, Einband hinten.
Stadtarchiv Erfurt: Vorsatz, Seite IV, 4, 6, 11o/u, 13o/u, 15o/u, 17o/u, 23o, 24o, 25, 28o/u, 30o, 31, 34u, 38u, 40, 41o, 58o, 64, 68o/u, 70, 71o, 74o/u, 83u, 85o/u, 88o/u, 89, 90o/u, 92o/u, 96u, 100, 102o/u, 104o/u, 108, 109o/u, 112u, 113, 115o/u.
Seidenbusch, Gertraud: Seite 73o.
Sengewald, Matthias: Seite 116u, 117.
Sukalla, Peter-Michael: Seite 37, 42o, 46.

Alle weiteren Fotos stammen aus dem Bestand des Stadtmuseums Erfurt.

Der Bahnhofsvorplatz am 19. März 1970. Willy Brandt weilte zu offiziellen Gesprächen mit DDR-Regierungschef Willi Stoph im „Erfurter Hof“.

Einleitung

Es ist verführerisch, abgeschlossene historische Entwicklungen von ihrem Ende her zu denken. Im Diskurs ist es dann leicht, die Pose des Wissenden einzunehmen. Diese Haltung korrumpiert sich aber selbst, da sie als Siegerpose interpretiert werden kann und historisch handelnde Protagonisten ungewollt in Gewinner und Verlierer einteilt.

Dem entgegen stehen in der jüngsten deutschen Geschichte massenhaft Alltagserfahrungen, unzählige, gelebte Leben, die einen lebendigen Fluss von Erinnerungen bilden. Verallgemeinerung ist da schwer. Ein Ausweichen in die ausschließliche Sphäre des Politischen ist stets möglich – ist das aber auch wahrhaftig? Und wo ist überhaupt Wahrhaftigkeit zu finden, wenn das Politische vor dem Hintergrund millionenfacher subjektiver Erfahrungen brüchig erscheint? Wie kann es gelingen, Alltagserfahrungen zu verstetigen?

Der vorliegende Bildband von Frank Palmowski ist gleichsam eine Antwort auf diese Fragen. Es erscheint, als wären die hier versammelten 168 wiederentdeckten Farbdias aus dem großen Erinnerungsfluss geschöpft worden. Ob sich dabei historische Wahrheit offenbart, bleibt dem Leser überlassen. Im besten Falle finden sich eigene Erinnerungen mit den ausgebreiteten faszinierenden Bildern zusammen und werden zu vielstimmigen Erzählungen, die etwas vom Leben in der sozialistischen Großstadt Erfurt in den 1970er- und 1980er-Jahren offenbaren.

Erfurt war in dieser Zeit – die im Nachhinein gern als „die bleierne Zeit" oder weniger blumig als „Phase der politischen und wirtschaftlichen Stagnation" bezeichnet wird – politisches, wirtschaftliches und kulturelles Zentrum des Bezirkes. Die Stadt nahm mit etwa 208.000 Einwohnern die achte Stelle von 15 Großstädten der DDR ein. Ihre wirtschaftliche Entwicklung wurde bestimmt durch die Großbetriebe der Elektrotechnik, der Datenverarbeitungs- und Büromaschinenindustrie sowie des Maschinenbaues. Aber auch die bereits in der industriellen Revolution entstandenen und mittlerweile längst verstaatlichten Betriebe der Leicht-, Konfektions-, Schuh- und Bauindustrie, die Einrichtungen des Gartenbaues und der Samenzucht mit der Internationalen Gartenbauausstellung als Anziehungspunkt internationaler Touristik und die Hoch- und Fachschulen prägten das Profil der Stadt. Die Lage an den Haupttrassen des Straßen- und Eisenbahnverkehrs und der einzige Passagier-Flughafen machten die Stadt zum größten Verkehrsknotenpunkt der Region.

Die Entwicklung der Stadt im Bau-Sektor war rasant. Natürliche Faktoren wie umfangreiche Kies- und Tonlagerstätten, die gärtnerischen und landwirtschaftlich hochproduktiven Böden sowie der Steigerwald führten dazu, dass sich die Bautätigkeit auf den Norden und den Südostraum sowie auf die bereits bebauten Flächen in der Stadt konzentrieren musste. Damit geriet zwangsläufig die umfassende infrastrukturelle und verkehrstechnische Umgestaltung des Stadtzentrums in den Fokus, aber auch unter den gegebenen Bedingungen an ihre Grenzen. Der kulturhistorisch wertvolle Bereich der Altstadt mit seinen international bedeutsamen Bauten wie dem Dom-Ensemble und der Zitadelle Petersberg, dem Augustinerkloster, der Krämerbrücke und vielem mehr waren unter der Berücksichtigung sich wandelnder ideologischer Vorgaben der Sozialistischen Einheitspartei besonders sorgfältig zu behandeln. Steingewordene Repräsentanz dieses neuen städtebaulichen Herangehens war der Abschluss der Umgestaltungen des Fußgängerbereiches Anger und des Gebietes zwischen Domplatz und Fischmarkt.

Erste oppositionelle Bewegungen wie beispielsweise die Umwelt-Initiativen der „Offenen Arbeit“ innerhalb der Evangelischen Kirche oder das ab Dezember 1978 in der zentral gelegenen Lorenzkirche jeden Donnerstag stattfindende „Gebet für den Frieden“ dürfen nicht darüber hinwegtäuschen, dass die Präsenz von SED-Kadern in allen politischen Entscheidungsprozessen weiterhin total war – und gemäß der fixierten Führungsrolle der Partei verfassungskonform! Die territoriale Gliederung des Staatsapparates entsprach einer Hierarchie von Parteigremien, die dem Prinzip von „Anleitung und Kontrolle“ folgten. Insgesamt gab es in Erfurt rund 34.200 SED-Mitglieder. Im Vergleich dazu hatte die LDPD 1.700, die NDPD 1.400, die CDU 1.000 und die DBD 250 Mitglieder. Den einzigen gesellschaftlichen Bereich, der dem direkten Zugriff der SED entzogen war, repräsentierten christliche Kirchen.

Die wirtschaftlichen Rahmenbedingungen für das innerstädtische Bauen waren trotz dieser neuen Bestrebungen schlecht. Die bereits im Juni 1971 von der Regierung der DDR beschlossene Einheit von Wirtschafts- und Sozialpolitik führte in den darauffolgenden zwei Jahrzehnten zu einer Forcierung des Wohnungsbauprogrammes. In Erfurt kam es deshalb zu erhöhten Investitionen in die Entwicklung im Norden und Süd-Osten der Stadt. Es entstanden durch den komplexen Wohnungsbau die Wohngebiete Nordhäuser Straße, Roter Berg und Erfurt Süd-Ost. Das alles vor dem Hintergrund sinkender Nettoinvestitionen in der DDR von 24,6 Prozent auf 18,8 Prozent zwischen 1970 und 1987. Diese nüchternen Zahlen illustrieren eine erhebliche Schieflage und einen wirtschaftlichen Niedergang, der schließlich nicht mehr aufzuhalten war und im Alltagsleben immer augenfälliger wurde. In Erfurt zeigte er sich am eindringlichsten in der flächendeckenden Preisgabe innerstädtischer historischer Bausubstanz.

Hardy Eidam
Frank Palmowski

Erfurt und die Erfurter

Die folgenden Bilder führen in den Erfurter Alltag der 1970er- und 1980er-Jahre. Sie sollen Alltägliches, aber auch Probleme des Lebens und Arbeitens zeigen, sind jedoch keinesfalls umfassend und repräsentativ. Es sind Schlaglichter zwischen Normalität und real existierendem Sozialismus aus einer Stadt, in der Vorzeigesanierungen und ein die DDR-Wirtschaft überforderndes Wohnungsbauprogramm ab dem Ende der 1970er-Jahre vor allem einem enormen Verfall der Altbaubestände gegenüberstanden. Die Bilder zeigen auch, dass der Alltag in der DDR meist auch ein Alltag mit der Politik war.

Es wurden hauptsächlich Fotos aus Phasen von Veränderung, Verfall, Abriss und Neuaufbau gewählt, denn viele der in den 1970er- und 1980er-Jahren neu entstandenen Gebäude stehen noch heute, sind mittlerweile allerdings ebenfalls rekonstruiert oder umgebaut.

Comthurgasse und Schildgasse in den 1980er-Jahren, im Hintergrund sind der Turm der Schottenkirche und das Interhotel „Kosmos“ zu erkennen.

Die Halle des VEB Obst, Gemüse und Speisekartoffeln (OGS) um 1978 auf dem Domplatz. Aus dem „S" in OGS wurden statt Speisekartoffeln scherzhaft Südfrüchte gemacht, die es im Unterschied zu Kartoffeln eher selten bis gar nicht gab.

Die Straßenbahnhaltestelle am Anger in Richtung Domplatz, im Hintergrund ist der „Suppentopf“ zwischen „Angereck“ und Jesuitenkolleg zu erkennen.

Musik aus dem Kassettenrecorder (R 4100, 1979 bis 1983, VEB Stern-Radio Berlin) am Busbahnhof hören. „Kein Sternenkrieg“ bezieht sich auf das von US-Präsident Reagan 1983 gegen die Sowjetunion geplante SDI-Programm (Strategic Defense Initiative), einen Abwehrschirm gegen Interkontinentalraketen.

In Vorbereitung der Martin-Luther-Ehrung 1983 wurde auch das Portal des 1945 zerstörten Collegium maius der Alten Universität in der Michaelisstraße rekonstruiert.

Demonstration zum 1. Mai 1974 auf dem Juri-Gagarin-Ring.

Die Messerschmiede und Instrumentenschleiferei Messer-Max von Max Clormann in der Pergamentergasse 16. Anfang der 1980er-Jahre lebten und arbeiteten im Andreasviertel noch viele Erfurter.

Blick vom Dom: links die Predigerkirche, dahinter das Volk-Hochhaus.

„Das Volk“ konnte man am Anger/Ecke Bahnhofstraße lesen. Auf der Kleinen Bühne im Schauspielhaus wurde „Retro – oder Ich will zurück aufs Dach“ gespielt, Premiere war am 4. Mai 1985.

Schön bunt, aber doch recht eintönig – ein Parkplatz in Erfurt.

Die Bierstube „Zur Kette“ in der Kettenstraße 6 in den 1970er-Jahren. Ob sie noch geöffnet ist, lässt sich nicht erkennen.

Der Taxistand am Hauptbahnhof – für ein offizielles Taxi musste man oft lange anstehen.

Das Stadtbüro der Interflug GmbH in der Hermann-Jahn-Straße 6 (Schlösserstraße).

Der Regionalkirchentag im Mai 1983 in Erfurt stand unter dem Motto „Vertrauen wagen“.

Die 1966 bis 1968 in der Rudolfstraße errichtete Optimahalle im Jahr 1970 (die 14. Tagung des Zentralkomitees der SED fand im Dezember 1970 statt). Das Gebäude erhielt 1970 im Architekturwettbewerb der DDR den 1. Preis.

Grünfläche an der Ecke Hermann-Jahn-Straße (Schlösserstraße)/Junkersand mit Blick auf Neue Mühle und Predigerkloster. Hier stand das 1944 zerstörte Kaufhaus Reibstein.

Einen beeindruckenden Anblick bot der Fayencensaal im Angermuseum.

1971 errichtete man vor dem VEB Funkwerk Erfurt eine Plastik des Künstlers Eberhard Reppold mit dem Thema „Der Mensch als Beherrscher der Wissenschaft“. Sie zeigte eine von Elektronen umkreiste Hand, die eine Siliziumscheibe hält.

1963 wurde aus dem Kaisersaal das Klubhaus des VEB Optima Büromaschinenwerk Erfurt. Darin entstand die Gedenkstätte „Erfurter Parteitag 1891“. Sie wurde 1973 neu gestaltet, 1982 musste das Haus aus baupolizeilichen Gründen geschlossen werden.

Der Eingang der 1974 erbauten POS 50 „Pablo Neruda“ in der Goethestraße mit einem Emailbild zu Neruda von O. Kayser.

Die Lange Brücke von der Regierungsstraße aus gesehen in den 1980er-Jahren, links die PGH Rundfunkmechanik Elektronik.

In den 1970er-Jahren sanierte Häuser Ecke Adalbertstraße/Karlstraße. Ein Plakat zum XI. Parteitag der SED datiert das Foto in den April 1986.

Der Schauspieler Matthias Winde warb in Erfurt als Diener für das 1988 nach aufwendiger Rekonstruktion wiedereröffnete Schauspielhaus.

Ein Erfurter Schulgarten in den 1980er-Jahren.

Winter in der Weißen Gasse Anfang der 1980er-Jahre.

„Zentrum junger Künstler" auf dem Wenigemarkt beim Pfingsttreffen der FDJ 1985.

Am 12. April 1986 wurde am Juri-Gagarin-Ring in Anwesenheit von Fliegerkosmonaut Generalmajor Sigmund Jähn, dem ersten Deutschen im All, das Juri-Gagarin-Denkmal des ebenfalls anwesenden Bildhauers Lew Kerbel eingeweiht.

1970 wurde das Haus „Zum grünen Sittich und gekrönten Hecht" in der Leninstraße (Johannesstraße) rekonstruiert, die Sterngasse rechts daneben ist abgerissen, das Interhotel „Kosmos" steht noch nicht.

◂ Der Hof der Engelsburg in der Allerheiligenstraße in den 1970er-Jahren. Die mittelalterlichen Keller und die Obergeschosse wurden bis 1968 von den Studenten der Medizinischen Akademie zu einem Studentenklub ausgebaut.

Blick aus der Waagegasse auf das Haus „Zum Sternberg“, Allerheiligenstraße 8. Es wurde rekonstruiert und 1986 als kirchliche Behindertentagesstätte übergeben.

◂ Blick vom Interhotel „Kosmos“ über die Leninstraße (Johannesstraße) auf die Futterstraße und die nördliche Altstadt. Vorn links ein bekannter Bratwurststand, der „Ersatzneubau“ in der Futterstraße ist fertiggestellt (1983).

Vom 11. bis 20. September 1987 gestalteten über 100 Handelsstände, verbunden mit kulturellen Veranstaltungen, die Ersten Erfurter Markttage.

Fahrzeugschau am Bahnhof Erfurt-West anlässlich des 34. MOROP-Kongresses (Verband der Modelleisenbahner und Eisenbahnfreunde Europas) vom 6. bis 10. September 1987 in Erfurt.

Die Hermann-Jahn-Straße (Schlösserstraße) mit Blick zum Anger in den 1980er-Jahren.

1974 entstand auf dem Geländer der IGA ein rund 35.000 Quadratmeter großer Freizeitbereich mit Zonen für Freizeitspiele und Sport, einem 600 Quadratmeter großen Wasserspielplatz und dem im Hintergrund zu erkennenden multifunktionalen Veranstaltungspavillon.

Vor dem Umzug in den Waidspeicher im Oktober 1986 befand sich das Puppentheater der Städtischen Bühnen Erfurt in der Neuwerkstraße.

Fischmarkt – Arche – Domplatz – Fischersand

Im Mai 1974 beschloss der Erfurter Stadtrat, historisch wertvolle Altstadtobjekte den zeitgemäßen öffentlichen Bedürfnissen anzupassen. Das Sanierungsgebiet Arche/Domplatz/Marktstraße stellte neben kleineren Maßnahmen in den 1960er-Jahren (Hohe Lilie, Roter Ochse, Breiter Herd) und Einzelrekonstruktionen, z.B. aus Anlass des Lutherjahres 1983, das bedeutendste Modernisierungsvorhaben in der Erfurter Altstadt dar. Mit einer Größe von etwa einem Hektar und rund 100 Wohneinheiten, umfasste es nur etwa ein Prozent der Fläche der Altstadt. Es zeigte aber mit der über zehnjährigen Dauer des 1977 begonnenen Projektes deutlich die Probleme der DDR auf. Einzelne Objekte (Waidspeicher, Häuser der Marktstraße) wurden aufwendig saniert. Andere Gebäude (Sonneborn, Hochzeitshaus) trug man fast komplett ab, um sie zu rekonstruieren, einige Komplexe (Penne, Fischersand) wurden abgerissen und durch Neubauten in Anlehnung an die alte Struktur ersetzt.

Von 1983 bis 1986 entstand in einem alten Speicher in der Großen Arche das Theater Waidspeicher mit Sälen für Puppentheater (142 Plätze) und Kabarett (95 Plätze).

Die Häuser der Marktstraße 17 bis 27 sind saniert, am Haus Domplatz 11 wird gearbeitet.

Am 7. Oktober 1983 wurde die Kinder- und Jugendbibliothek im Haus „Zum großen Pfluge“, Marktstraße 21, übergeben. Die Wandbilder stammen von Harald Lange.

Die „Penne“ in der Großen Arche kurz vor dem Abbruch 1984. Rechts das schon in den 1960er-Jahren sanierte Haus Große Arche 16.

Nach dem Abriss der „Penne“ bot sich ein ungewöhnlicher Blick von der Großen in die Kleine Arche mit der Magdalenenkapelle. Der Neubau der „Penne“ wurde erst 1990 fertiggestellt.

Das Haus „Zum Sonneborn“, Große Arche 6, entstand ab 1984 neu. Original erhalten blieben nur das Eingangsportal und die darüberliegende mittelalterliche Bohlenstube.

1986 stand der Rohbau des Hauses „Zum Sonneborn“.

Über 2.000 Erfurter besichtigten am 12. Februar 1989 zum Tag der offenen Tür das neue Hochzeitshaus.

Seit dem 1. Dezember 1988 dient das Haus „Zum Sonneborn" als Hochzeitshaus und Standesamt. Im Festraum 4 im ersten Obergeschoss stehen Keramiken von Margret Weise und Margot Steindorf.

Der Fischmarkt mit dem Haus „Zum roten Ochsen“ und der GAF, der 1979 nach aufwendiger Rekonstruktion eingeweihten Galerie am Fischmarkt.

Am 16. Oktober 1986 kehrten die restaurierte Krönungsfigur „Römischer Krieger“ und zwei Putten auf das Haus „Zum roten Ochsen“ zurück.

Die Paulstraße, mit Blick auf den Dom, liegt direkt neben dem Sanierungsgebiet Arche, wurde aber bei der Restaurierung nicht berücksichtigt.

Arnstädter Fayence und Keramik in einer im Mai 1984 auf dem Domplatz von ehrenamtlichen Bodendenkmalpflegern untersuchten Abfallgrube aus dem 17. Jahrhundert.

1985 erfolgte der Abriss der alten Bebauung am Fischersand/Ecke Lange Brücke. Die hier geplanten neuen Häuser wurden erst Anfang der 1990er-Jahre fertiggestellt.

Blick über die Lange Brücke in Richtung Regierungsstraße an der Ecke zum Fischersand nach dem Abriss um 1985.

Rund um die Krämerbrücke

Aufgrund ihrer Bedeutung für die Stadt- und die allgemeine Baugeschichte wurde der Krämerbrücke auch in der DDR eine besondere Denkmalpflege zuteil.

Die im April 1945 durch amerikanischen Artilleriebeschuss zerstörten Häuser Nr. 12 bis 14 wurden bis 1954 wieder aufgebaut. Von 1957 bis 1960 konnte die Ägidienkirche wieder zur kirchlichen Nutzung hergerichtet werden. In den Jahren 1967 bis 1973 restaurierte man alle Häuser der Brücke. Ab 1969 wurden zur besseren Erkennbarkeit alle Überbauungen an der Brückennordseite, einschließlich der Häuser in der Gotthardtstraße, beseitigt. Von 1985 bis 1986 folgten die Reparatur, Verstärkung und Teilerneuerung des schadhaften Mittelbereichs der Brückengewölbe und ein neuer Straßenaufbau.

Blick vom Steg in der Horngasse auf die Krämerbrücke. Das Haus Nr. 10 wurde Anfang der 1970er-Jahre neu aufgebaut.

Im August 1971 wurden die Häuser der Gotthardtstraße von der Krämerbrücke bis zur Horngasse abgerissen.

Die Fläche zwischen Krämerbrücke und Horngasse nach der Neugestaltung. Das Haus Kreuzgasse 4 (links) verschwand erst Mitte der 1970er-Jahre.

Die Krämerbrücke in den 1970er-Jahren.

Von 1985 bis 1986 erfolgte die Reparatur, Verstärkung und Teilerneuerung des besonders schadhaften Mittelbereichs der Brückengewölbe der Krämerbrücke mit neuem Straßenaufbau.

Die Häuser „Zur Steinecke" und „Zur güldenen Distel" in der Horngasse, ursprünglich u.a. Universitätshospital, wurden von 1979 bis 1986 wiederhergestellt und als Restaurierungswerkstatt des VEB Denkmalpflege genutzt.

Blick vom Benediktsplatz zum Fischmarkt in den 1980er-Jahren.

Der Wenigemarkt und die Kürschnergasse in den 1980er-Jahren.

„Komplexe Rekonstruktion" des Angers

Erstmals in der DDR wurde in Erfurt eine Fußgängerzone mit Straßenbahn geplant und realisiert. 1976 sperrte man den Anger endgültig für den Autoverkehr. In den folgenden zwei Jahren wurden 120 der an die Fußgängerzone grenzenden Wohn- und Geschäftshäuser saniert. Durch den Um- und Ausbau vieler Läden, Gaststätten und anderer Versorgungseinrichtungen sowie eine einheitliche Gestaltung, die auch Stadtmobiliar, Schaufenster und Werbeschriften beinhaltete, wandelte sich der Anger in einen attraktiven Einkaufsbereich. Allerdings wurden die angrenzenden Seiten- und Querstraßen bis auf die Bahnhofstraße nicht einbezogen.

Im Juni 1976 war fast der gesamte Anger eingerüstet.

Anfang der 1970er-Jahre sprudelte für einige Zeit dieses Wasserspiel auf dem Anger. Zuvor stand es 1970 in einer IGA-Halle. Es verschwand beim Bau des neuen Angerbrunnens.

Der Anger/Ecke Lachsgasse mit der Buchhandlung Peterknecht. Das Plakat in der Lücke Anger 26 (bei der Angerrekonstruktion bebaut) kündigt die beiden letzten Teile des sowjetischen Films „Befreiung" an. Premiere war im Mai 1972.

1976 wurden die Häuser der Neuwerkstraße (links) saniert, die Häuser der Löberstraße bis zum Juri-Gagarin-Ring verschwanden.

In der Zeit der Angerrekonstruktion wurde auch die Fassade des Kaufhauses renoviert. Schilder verkündeten „Centrum – Wir haben geöffnet".

Mit kritischem Blick beobachtete der Volkspolizist den Fotografen auf der Angerbaustelle.

Blick vom Anger in die Hermann-Jahn-Straße (Schlösserstraße), das Vorderhaus des „Palmenhauses“ verschwand kurze Zeit später.

Von 1977 bis 1979 entstand für das Reisebüro der DDR nach Entwürfen von Stadtarchitekt Walter Nitsch das Angereck als sechsgeschossiger Stahlskelettbau mit Vorhangfassade. Im Erdgeschoss befand sich ein Café mit 145 Plätzen und im ersten Obergeschoss die beliebte „moccabar" mit Freiterrasse.

Der neue Angerbrunnen des Bildhauers Waldo Dörsch wurde von 1978 bis 1979 errichtet. Der Endaufbau mit Anbringung der abstrakten Bronzeplastik tanzender Mädchen erfolgte im Mai 1982.

Auch sowjetische Soldaten halfen bei Schachtarbeiten auf dem Anger, beaufsichtigt von einem Offizier – mit den Händen in den Taschen.

Die HO Espresso-Kaffee-Stube („café espresso“) am Anger/Ecke Weitergasse im Jahr 1979. Ein Schild im Fenster datiert das Foto – „30 Jahre DDR“.

Das aus 60 Bronzeglocken der Apoldaer Firma Schilling bestehende Carillon wurde am 18. August 1979 in den Baukörper des Bartholomäusturmes gehoben und montiert. Anlässlich des 30. Jahrestages der DDR erfolgte am 7. Oktober 1979 die Einweihung mit einem Konzert.

Der südliche Anger im Jahr des XI. Parteitages der SED – 1986.

Vor der Filiale des VEB Industrievertrieb Rundfunk und Fernsehen, Fachfiliale Radio-Television Amateur-Schallplatte am Anger, steht eine Schlange. Neuerwerbungen werden begutachtet, daneben die beliebte HO Gaststätte „Wildbret“.

Blick über den neu gestalteten Anger in den 1980er-Jahren.

Aufräumarbeiten nach dem Brand im Centrum-Warenhaus am 27. Juni 1985.

Blumenbeete auf dem Anger.

Vor der Post am Anger stand neben dem Zeitungskiosk noch ein Wagen für den Verkauf von Fahrscheinen für Straßenbahn und Stadtbus.

Blick über den Anger zum Interhotel „Kosmos“ im Jahr 1980, mithilfe eines Hubschraubers werden dort gerade die Werbebuchstaben montiert.

Die Neuwerkstraße am Platz der DSF (Hirschgarten) mit dem HO-Tanztempel „Diskothek Freundschaft“.

Die Bahnhofstraße wurde im Rahmen der Angerrekonstruktion ebenfalls neu gestaltet. Blick zum Anger Anfang der 1980er-Jahre.

Der 1888 neben der Lorenzkirche errichtete Verkaufspavillon des Gartenbauunternehmens Schmidt, das „Palmenhaus“, wurde 1988 rekonstruiert und als „Haus der Baukunst“ vom VEB Wohnungsbaukombinat genutzt.

Juri-Gagarin-Ring

Ende der 1960er-Jahre begann die innerstädtische Umgestaltung zur Schaffung „einer neuen sozialistischen Stadtgestalt“. Erste Etappe war die Bebauung im östlichen Bereich des Juri-Gagarin-Rings. Nach dem Flächenabriss von etwa 800 Wohnungen sowie der Verlegung von Gewerbeflächen und eines Friedhofes im Hospital- und Krämpferviertel entstanden hier bis 1971 neben einem der Unterbringung von Bauarbeitern dienenden Hotel und einem Zeitungsgebäude (Volk-Hochhaus) vier 16-geschossige Hochhäuser und drei elfgeschossige Wohnscheiben mit insgesamt 1.140 Wohneinheiten in Plattenbauweise. Der Ring wurde 1968 von der Leninstraße (Johannesstraße) bis zur Krämpferstraße, 1969 weiter bis zur Trommsdorffstraße, von 1970 bis 1971 bis zur Bahnhofstraße und von 1971 bis 1972 bis zum Karl-Marx-Platz auf vier Fahrspuren verbreitert.

Blick vom „Volk-Hochhaus“ auf den östlichen Juri-Gagarin-Ring im Jahr 1970.

Am 5. Oktober 1971 wurde der Verkehrsknotenpunkt Wilhelm-Pieck-Straße (Stauffenbergallee), Karl-Marx-Allee (Magdeburger Allee) und Schlüterstraße freigegeben, die ursprüngliche Grünfläche verkleinert und der beliebte Spielplatz verschwand.

Als erstes Hochhaus am Juri-Gagarin-Ring entstand 1967 das „Tourist-Hotel". Am 7. Oktober 1985 wurde das umgebaute Hotel als Jugendtouristhotel „Völkerfreundschaft" eröffnet. Es konnte 450 Gäste beherbergen.

Die Mayfartstraße hinter dem CENTRUM-Warenhaus am Juri-Gagarin-Ring, rechts die abgerissenen Häuser der Fleischgasse – ein gefährlicher „Abenteuerspielplatz“.

1969 begann der Bau des Interhotels „Kosmos“. Vorbild für das Haus war das SAS in Kopenhagen. Bereits 1970 beschloss die DDR-Regierung aus Geldmangel die Einstellung und Stilllegung des Bauvorhabens.

Vom künftigen Hotel standen zu diesem Zeitpunkt nur die ersten beiden Etagen. Der Bau wurde gesichert, erhielt ein Dach und hieß in Erfurt nun „Der ewige Gleitkern“.

Erst 1976 begann der Weiterbau (Foto von 1978). Am 10. Oktober 1979 erfolgte die bauseitige Übergabe, ab April 1980 ging das Hotel in Betrieb und bot seinen Gästen in 321 Zimmern Platz.

Ende der 1980er-Jahre ist vom Hotel „Kosmos“ über dem südlichen Juri-Gagarin-Ring das neu entstandene Wohngebiet auf dem kleinen Herrenberg mit seinen Hochhäusern zu erkennen.

Die Ecke Juri-Gagarin-Ring/Bahnhofstraße Richtung Anger Anfang der 1970er-Jahre. Hier rollt der Verkehr noch über den Anger.

Der als Ruhe- und Verwellzone neu gestaltete Ententeich. Im Hintergrund ist noch die 1977 abgerissene alte Bebauung der Gartenstraße (Augustmauer) zu erkennen.

Die Rückseiten der Häuser in der Gartenstraße am Juri-Gagarin-Ring/Ecke Bahnhofstraße um 1970.

Die neue Kreuzung Juri Gagarin-Ring/Ecke Löberstraße Anfang der 1970er-Jahre. Große Teile der Löberstraße und die Südseite der Gartenstraße sind bereits abgerissen.

Von 1978 bis 1984 entstand am Südring eine durch vier frei stehende monolithische Aufzugskerne gegliederte Wohnscheibe mit zweigeschossiger Funktionsunterlagerung für Geschäfte und Gastronomie.

Der Komplex Südring nach der Fertigstellung 1984.

Feier zum 1. Mai 1987 am Südring. Die durch den Abriss der alten Bausubstanz entstandene Lücke zwischen Löberstraße und Breiter Gasse wurde erst ab 1988 neu bebaut.

Schmidtstedter Knoten

Bereits in den 1970er-Jahren war der Komplex Schmidtstedter Brücke der wichtigste Straßenknotenpunkt im Hauptstraßennetz der Stadt. Man rechnete in den 1970er-Jahren mit einem Verkehrsaufkommen von 7.300 Kraftfahrzeugen pro Spitzenstunde im Tunnel und war damit an der Grenze der Leistungsfähigkeit angekommen. Von 1971 bis 1977 entstand der neue Schmidtstedter Knoten. Der Eisenbahnverkehr musste während der gesamten Bauarbeiten aufrechterhalten werden. Deshalb wurde neben dem Hauptbahnhof-Hochdamm eine 67 Meter lange, 40 Meter breite und 17.000 Tonnen schwere Brücke vormontiert, die dann im Oktober 1975 an zwei Tagen auf die in bergmännischem Verfahren angelegten Fundamente geschoben wurde.

Der alte Tunnel (Ilmer Stieg) am Schmidtstedter Knoten. Oben die Dampflok 38 2918-1, RBD Erfurt, Bw Sangerhausen, auf ihrer letzten Fahrt nach Sangerhausen am 30. Mai 1972.

Blick vom Spielbergtor auf die im Frühjahr 1973 abgerissenen Häuser am Ilmer Stieg/Weimarische Straße/Spielbergtor/Clara-Zetkin-Straße. Hier befindet sich heute der Süd-Knoten des Schmidtstedter Knotens.

Ausbau der Schillerstraße in Richtung Süd-Knoten und Weimarische Straße im Jahr 1976.

1976 wurde mit dem Bau des Schmidtstedter Knotens auch der Einlass des Schwemmbach-Kanals in den Flutgraben umverlegt.

Ab 1972 entstanden am Nord-Knoten zwei 64 Meter lange sogenannte Verschubteilkörper mit je vier Fahrspuren. Auf diesen Gleitbahnen wurde 1975 der Straßentunnel (Brücke) in südlicher Richtung eingeschoben.

Die neue Fußgängerbrücke über den Schmidstedter Knoten im Bereich der zuvor abgerissenen alten Schmidstedter Brücke wurde im Juni 1977 übergeben.

Blick von der neuen Fußgängerbrücke in die Schmidtstedter Straße.

Im Juni 1977 wurde die Fußgängerbrücke über die Thälmannstraße errichtet.

Die Verlegung neuer Kanäle in der Clara-Zetkin-Straße erfolgte 1978.

Erfurt Nord

Nach dem Wohngebiet Johannesplatz (1965 bis 1972) wurden im Erfurter Norden mit dem Rieth (1971 bis 1976), der Nordhäuser Straße/Berliner Platz (1974 bis 1976), dem Moskauer Platz (1976 bis 1978) und dem Roten Berg (1978 bis 1981) weitere Neubaugebiete errichtet. Bis 1990 entstanden so auf einer Fläche von insgesamt 3,53 Quadratkilometern etwa 29.300 Wohneinheiten (fünf-, elf- und 16-geschossige Wohnhäuser in der Wohnungsbaureihe WBR Erfurt) für rund 63.000 Einwohner. Entsprechend dem Gedanken „sozialistischer Wohnkomplexe" verfügten die einzelnen Wohngebiete auch über Schulen, Kindertagesstätten, Kaufhallen, Ambulanzen, Dienstleistungszentren und Gaststätten.

Der Mittelpunkt des gesellschaftlichen Lebens im Rieth mit Schwimmhalle, Bibliothek, Kaufhalle, Läden, Ambulatorium, Dienstleistungseinrichtungen und einem Gaststättenkomplex. Auch diese Gebäude wurden in Typenbauweise realisiert und zielten auf eine optimale „Funktionsverflechtung".
So verwandelte sich z.B. die Schulkantine am Abend in ein Restaurant.

Von 1977 bis 1978 schuf der Maler und Grafiker Erich Enge an der Bibliothek im Wohngebietszentrum Rieth ein 102 Meter langes und sechs Meter hohes Wandbild. Philosophische Grundlage ist Karl Marx mit der Erkenntnis: „Die Idee wird zur materiellen Gewalt, wenn sie die Massen ergreift".

Blick aus der Lowetscher Straße im Rieth auf zwei der drei im Bau befindlichen 16-geschossigen Punkthochhäuser in der Straße der Völkerfreundschaft (Mainzer Straße).

1979 entstand der „Brunnen der Völkerfreundschaft" des Weimarer Malers, Grafikers und Baukeramikers Eberhard Heiland. Er bestand aus 14 überlebensgroßen, die verschiedenen Nationalitäten personifizierenden Figuren. 1988 verschwanden die mittlerweile defekten Figuren leider bereits wieder.

1976 ging die Großgaststätte „Stadt Vilnius“ im Rieth mit zwei Restaurants, zwei Cafés und einer Schülergaststätte in Betrieb. Im mit litauischen Motiven ausgestalteten Speiselokal gab es auch litauische Küche.

Das „Café Berolina" am Berliner Platz.

1976 eröffnete die Volksbuchhandlung Maxim Gorki am Berliner Platz. Davor steht die überlebensgroße Bronzeskulptur „Lesender" von Martin Wetzel aus Halle aus dem Jahr 1981.

Blick vom Elfgeschosser in der Warschauer Straße auf den neu errichteten Berliner Platz.

Die Traditionsbahn (Dampflok 74 1230) auf dem Weg vom Hauptbahnhof zum Bahnhof Erfurt-West unter der Brücke der Nordhäuser Straße über die Straße der Nationen.

Neubau einer Kaufhalle im Wohngebiet Nordhäuser Straße im Jahr 1977. Die Baustelle wird mit Kohle geheizt, über dem Smog scheint die Sonne.

◂ Die Zillestube im „Stadt Berlin“ mit Holzfiguren von Kurt Buchspieß.

Plastik „Affen“ von Harald Stieding auf einem Spielplatz im Rieth.

◂ Hofpause in der 42. POS „Wladimir Iljitsch Lenin“ in der Berliner Straße, im Hintergrund das „Stadt Berlin“.

Das von 1979 bis 1984 entstandene Wandmosaik „Die Beziehung des Menschen zu Natur und Technik" des Spaniers Josep Renau (1907–1982) am 1984 eingeweihten Kultur- und Freizeitzentrum am Moskauer Platz.

Der Staatszirkus der DDR, „Zirkus Aeros", gastierte vom 27. Juni bis 7. Juli 1986 auf dem Berliner Platz.

Erfurt Süd-Ost

Nach Fertigstellung der Neubaugebiete im Erfurter Norden begann 1981 der Bau des Komplexes Erfurt Süd-Ost, der die Teilbereiche Herrenberg, Wiesenhügel, Drosselberg und Buchenberg mit zusammen etwa 14.500 Wohnungen für 42.000 Einwohner umfasste. Die Entstehung ist u.a. im Zusammenhang mit der Ansiedlung neuer Hochtechnologieindustrien wie VEB Mikroelektronik Karl Marx zu sehen. Der Bau wurde durch die für den industriellen Wohnungsbau ungünstigen Hangneigungen von bis zu 15 Prozent erschwert. Die Gebäude des Stadtteils wurden mit der WBR 80-Erfurt (Wohnungsbaureihe), einer Anpassung der WBS 70 (Wohnungsbauserie) an das stark reliefierte Gelände, realisiert. Trotz zweier Wohnkomplexzentren war die infrastrukturelle Ausstattung des Gebietes unzureichend. Diese Einrichtungen wurden größtenteils erst mehrere Jahre nach dem Einzug der ersten Mieter fertiggestellt.

Melchendorf und die Neubaugebiete Wiesenhügel und Herrenberg vom noch unbebauten Drosselberg gesehen.

Baubeginn im Jahr 1981 am Kleinen Herrenberg/Rabenhügel. Die Gustav-Adolf-Kirche auf dem Großen Herrenberg ragte noch einsam in die Landschaft.

Etwa 1985 ein ähnlicher Blick vom Einkaufszentrum Herrenberg auf den Kammweg. Vorn die Fußgängerbrücke über die Blücherstraße.

Der Straßenbahnabzweig Melchendorf entstand im Jahr 1982, geradeaus ging es in Richtung Windischholzhausen, nach rechts zum Wiesenhügel.

Der Kleine Herrenberg von der Baustelle Wiesenhügel über die Kranichfelder Straße gesehen.

Blick vom Herrenberg auf das neu entstehende Wohngebiet Wiesenhügel im Jahr 1983.

Beim Bau aller Neubaugebiete wurden zahlreiche archäologische Funde untersucht und geborgen. Steinabdeckungen über Gräbern auf dem Wiesenhügel, Ecke Am Wiesenhügel/Färberwaidweg. Hier untersuchte von 1982 bis 1984 das Museum für Ur- und Frühgeschichte Weimar das mit 315 Grabkomplexen bis dahin größte bekannte Gräberfeld der Urnenfelderbronzezeit in Thüringen.

Der VEB Kombinat Mikroelektronik Erfurt entstand in Erfurt-Südost zwischen Großem Herrenberg und Windischholzhausen.

Die 1901 eingeweihte Gustav-Adolf-Kirche auf dem Großen Herrenberg zwischen Melchendorf und Dittelstedt „verschwand“ Anfang der 1980er-Jahre im Neubaugebiet.

Huttenplatz

Dem im südlichen Bereich des Juri-Gagarin-Rings fortgesetzten Wohnungsbau folgte ab 1983 das Wohngebiet am Huttenplatz. Den Anfang der zweiten Phase der innerstädtischen Umgestaltung bildete ein 1985 fertiggestellter sogenannter Funktionsmusterbau, der speziell für das innerstädtische Bauen entwickelten WBS 70/WBR 85 in der Leninstraße (Johannesstraße) am Johannesturm. Er stellte den Versuch dar, die groben Formen des industriellen Bauens in die historische Bausubstanz der engen Innenstadt einzupassen. Nach dem Vorbild des Funktionsmusterbaus entstanden am benachbarten Huttenplatz etwa 570 Neubauwohnungen. Die differenzierte Gestaltung der Dächer und Fassaden (z.T. Mansardendächer, Loggien) sowie die Anpassung der Grundrisse an natürliche (Geralauf) oder historische Vorgaben lassen dieses Neubaugebiet gegenüber den Großsiedlungen am Stadtrand als gelungen erscheinen. Der Preis dafür war hier allerdings ein großflächiger Abriss der historischen Bausubstanz.

Blick aus der Waldenstraße zum Johannesturm. Der Funktionsmusterbau in der Leninstraße (Johannesstraße) ist fertiggestellt, der Bau der Häuser an der Ecke zur Augustinerstraße hat begonnen.

Die Häuser in der Leninstraße (Johannesstraße) am Johanneskirchturm Anfang der 1980er-Jahre kurz vor dem Abriss.

Blick von der Johannesmauer zur Kronenburggasse, links werden die Häuser an der Ecke Kohlgrube abgerissen.

Die Häuser zwischen Huttenstraße und Kronenburggasse sind 1987 verschwunden. Im Hintergrund die Gebäude des VEB Erfurter Malzwerke, Standort Am Kochlöffel.

Der Aufbau des 1985 fertiggestellten Funktionsmusterbaus in der Leninstraße/Ecke Franckestraße am Johannesturm hat begonnen.

Blick aus einem Abrisshaus der Waldenstraße auf die Straße Am Hügel und die letzten Häuser der Kohlgrube 1986. Diese Häuser waren bis zur Wende ebenfalls verschwunden.

Die Leninstraße (Johannesstraße)/Ecke Waldenstraße während des Abrisses in der Waldenstraße.

Die im Juni 1985 eröffnete Konsum-Gaststätte „Turmschänke“ am Johannesturm im Funktionsmusterbau.

Brunnen und Sitzecke in der Kronenburggasse/Ecke Huttenstraße.

„Haus der Kultur“

Anfang der 1980er-Jahre reifte in der Altstadt von „Erfurt als Zentrum der Arbeiterklasse“ westlich des Platzes der Deutsch-Sowjetischen Freundschaft (Hirschgarten) der Plan für den Neubau des „Hauses der Kultur“ (zwei Säle mit insgesamt 1.750 Sitzplätzen und einem Restaurant) – im Volksmund spöttisch „Schiffshebewerk“ genannt. Ab 1985 wurde dafür ein großer Teil der historischen und gut erhaltenen Bausubstanz um die Eichenstraße und zahlreiche Häuser der Regierungsstraße abgerissen, die Regenbogengasse verschwand. Auch das westliche der beiden Wachhäuschen wurde abgebaut. 1987 begann man mit dem Bau des die gesamte Umgebung überragenden Kolosses. Bis zur Wende wurde lediglich der Rohbau fertiggestellt und 1996 wieder abgerissen.

Ab Juni 1985 verschwanden diese teilweise erst in den 1970er-Jahren renovierten Häuser in der Regenbogengasse, Neuwerkstraße und Eichenstraße.

Der Platz der Deutsch-Sowjetischen Freundschaft (Hirschgarten) mit der Regenbogengasse vor dem Abriss.

Auf der Baustelle des „Hauses der Kultur“.

In der Baugrube stand das Grundwasser und als das Fundament gebaut wurde, liefen ständig die Pumpen.

Die mächtige Stahlkonstruktion des zukünftigen „Hauses der Kultur“ wächst 1988 über die Stadt – wie ein Schiffshebewerk.

Blick aus der Regierungsstraße zur Langen Brücke/Ecke Eichenstraße.

Andreasviertel

Bereits seit den 1920er-Jahren verschlechterte sich der Zustand des Andreasviertels durch unterlassene Instandsetzungen. In den 1960er- bis 1980er-Jahren wurden der endgültige Abriss und die Überbauung mit innerstädtischen Plattenbauten geplant. Außerdem sollte der Stadtring vom Juri-Gagarin-Ring bis zum Domplatz durch das Gebiet führen.

Bis Mitte der 1980er-Jahre wurde das Andreasviertel systematisch leergezogen und mit ersten Abrissarbeiten begonnen. 1986 gründete sich die Arbeitsgruppe „Stadt- und Wohnumwelt", eine Bürgerinitiative zum Erhalt der historischen Altstadt. Zwei Ausstellungen der Initiative in der Michaeliskirche, 1987 „Stadtgerechter Verkehr – verkehrsgerechte Stadt" und 1988 „Erfurt, Stadt am Kreuzweg", signalisierten einen nicht mehr zu ignorierenden Protest der Erfurter Bürger gegen diese Pläne.

Vom Turm der Andreaskirche gesehen, wirkt das Andreasviertel Anfang der 1980er-Jahre noch idyllisch und relativ intakt.

Über 700 Jahre Geschichte in der Marbacher Gasse, im Hintergrund der Georgsturm.

Blick in die Weiße Gasse von der Ecke Marbacher Gasse um 1980.

Die Müllabfuhr in der Moritzstraße am Moritzhof.

Die größtenteils leergezogenen und dem Verfall preisgegebenen Häuser der Georgsgasse/Ecke Weiße Gasse Ende der 1980er-Jahre.

Noch ahnt niemand, dass sich im Abrisshaus Weiße Gasse 7 (neben dem Hänger) eine mittelalterliche Bohlenstube verbirgt und Teile des Nachbarhauses (Bildmitte) romanischen Ursprungs sind.

Die Andreasstraße zwischen Weißer Gasse und Pergamentergasse Ende der 1980er-Jahre – ein Geisterviertel.

„Erfurt, Stadt am Kreuzweg“, Ausstellung zur Stadt- und Verkehrsplanung vom 10. Juni bis 31. Juli 1988 in der Michaeliskirche.

1989

1989 zeigte sich die Partei- und Staatsführung der DDR zunächst in ungebrochener Machtfülle. Die gewohnten Selbstdarstellungen wie die Feiern zum Internationalen Frauentag am 8. März, zum 1. Mai, die Durchführung der Kommunalwahlen, der Internationale Kindertag am 1. Juni und der Tag der Republik am 7. Oktober sollten ein Bild der Stabilität und Harmonie vermitteln. Große Teile der Bevölkerung scheinen dem zu folgen. Doch die Fotos täuschen, die Probleme in der Wirtschaft, Verfall und Verwahrlosung von Industriebetrieben und Innenstädten und die steigende Zahl von Ausreisewilligen belegen immer deutlicher die Unfähigkeit der DDR-Regierung zur wirtschaftlichen und gesellschaftlichen Modernisierung.

Tribüne am 1. Mai 1989: vorn in der Mitte Gerhard Müller, 1. Sekretär der SED-Bezirksleitung Erfurt, Mitglied des ZK der SED, Kandidat des Politbüros des ZK der SED und Abgeordneter der Volkskammer. Am 3. Dezember 1989 wurde er aus der SED ausgeschlossen und am 1. Juni 1990 wegen „mehrfachen Vertrauensmissbrauchs, Anstiftung zu Untreue und Diebstahl" angeklagt und 1992 zu acht Monaten Haft verurteilt.

Smog über Erfurt in den 1980er-Jahren.

Auf dem Erfurter IGA-Gelände feierten am 27. und 28. Mai 1989 über 200.000 Besucher inmitten eines bunten Blumenflors das 34. Pressefest mit ihrer Bezirkszeitung „Das Volk".

Unter dem Motto „Land der fröhlichen Kinder" fand ein großes Kinderfest zum Internationalen Kindertag am 1. Juni 1989 auf dem Domplatz statt.

Vierstündige Dialogveranstaltung am 28. Oktober 1989 in der Thüringenhalle. 40 Teilnehmer meldeten sich mit Fragen und Kritik zu Wort. Zahlreiche Erfurter mussten wegen Überfüllung draußen bleiben.

Am 10. Dezember 1989 bildeten tausende Erfurter eine Menschenkette um die Altstadt, hier am Huttenplatz. Die Interessengemeinschaft Alte Universität hatte zu der Aktion „Ein Bürgerwall für unsere Altstadt“ aufgerufen.

Demonstration im November 1989: „FDJ und Pioniere fort u.(nd) die Schule wird ein demokr.(atischer) Ort!“

Demonstration im November 1989 auf dem Domplatz.

Kurzchronik

1968–1971	Verbreiterung des Juri-Gagarin-Ringes auf vier Fahrspuren, Leninstraße (Johannesstraße) bis Krämpferstraße (1968 bis 1969), Krämpferstraße bis Trommsdorffstraße (1969 bis 1970), bis Bahnhofstraße (1970 bis 1971), Bahnhofstraße bis Karl-Marx-Platz (1971 bis 1972).
1969–1982	Heinz Scheinpflug (SED) ist Oberbürgermeister der Stadt Erfurt.
1969–1974	In Erfurt Nord entsteht auf freier Fläche im Gebiet der Riethstraße ein neues Wohngebiet (Wohnkomplex Rieth) in Großplattenbauweise.
1969–1975	Um- und Ausbau des Verkehrsknotenpunktes an der Schmidtstedter Brücke.
19. März 1970	Treffen des Kanzlers der Bundesrepublik Deutschland, Willy Brandt, mit dem Vorsitzenden des Ministerrates der DDR, Willi Stoph, im Interhotel „Erfurter Hof".
Ab 1970	Das Neubauprogramm führt zur Umschichtung der Einwohner vom Stadtinneren auf periphere Standorte im Norden und im Südosten der Stadt. Damit verliert die Altstadt rasch etwa die Hälfte ihrer Bewohner, der Zerfall der Bausubstanz verstärkt sich.
1972	Verstaatlichung der 88 bisher halbstaatlichen Betriebe in der Stadt.
1972–1978	In Erfurt Nord entsteht auf ehemals landwirtschaftlich genutzter Fläche der Wohnkomplex Nordhäuser Straße in Großplattenbauweise.
1972–1982	Abbrucharbeiten an der Südseite der Gartenstraße und Beginn der Baumaßnahmen im Gebiet des südlichen Juri-Gagarin-Rings.
1. Juli 1972	Die ausgebauten Kiesgruben (etwa 30 Hektar) werden als Naherholungsgebiet Nordstrand eröffnet.
Februar 1973	Die Stadt erreicht eine Einwohnerzahl von 200.000.
1969–1980	Bau des Interhotels „Kosmos" am Juri-Gagarin-Ring.
1976–1978	„Komplexe Rekonstruktion" der Gebäude am Anger und Verwandlung in eine Fußgängerzone. Zaghafter Beginn der Altstadtsanierung im Stadtviertel Große Arche – Marktstraße – Domplatz.
1977–1982	In Erfurt Nord am Fuße des Thüringer Zooparks entsteht auf einer Freifläche das Wohngebiet Roter Berg in Großplattenbauweise.

Ab 1979	Im Südosten der Stadt entsteht das Wohngebiet Herrenberg/Wiesenhügel; Baubeginn am Drosselberg ist 1986.
1982–1989	Rosemarie Seibert (SED) ist Oberbürgermeisterin der Stadt Erfurt (ausgeschieden am 27. November 1989).
1983	Eröffnung eines Museums für mittelalterliche Kunst im Chor der im Zweiten Weltkrieg zerstörten Barfüßerkirche.
1983	Rekonstruktion des durch einen Luftangriff im Zweiten Weltkrieg zerstörten Portals des Collegium maius der alten Erfurter Universität und bauliche Erneuerung der Georgenburse an der Lehmannsbrücke.
1985–1988	Baumaßnahmen im Bereich der nördlichen Innenstadt; dasWohngebiet Huttenplatz entsteht.
1985	Beginn der Abrissarbeiten in der Eichenstraße. Ab 1986 soll zwischen Eichenstraße und Platz der Deutsch-Sowjetischen Freundschaft (Hirschgarten) das „Haus der Kultur" entstehen.
1985–1986	Umfassende Sanierungsarbeiten an den den Fluss überspannenden fünf Sandsteinbögen der Krämerbrücke.
6. Oktober 1986	Eröffnung der Erfurter Puppenbühne und eines Kabaretts im baulich erneuerten Waidspeicher in der Großen Arche.
20. März 1988	Abschluss der Städtepartnerschaft Erfurt – Mainz. Weitere Partnerstädte von Erfurt wurden: Lille (Frankreich), Vilnius (Litauen), Lowetsch (Bulgarien), Györ (Ungarn), Piacenza (Italien) und Kalisz (Polen).
Oktober 1989	Die Krisensituation auf allen Gebieten wird immer offensichtlicher. Als Ungarn den Eisernen Vorhang an seiner Grenze zu Österreich beseitigt, beginnt eine Massenflucht auch von Erfurtern über Ungarn. Der Exodus setzt sich nach dem 9. November fort. Insgesamt verlassen 1989 4.000 Erfurter Bürger ihre Heimatstadt.
26. Oktober 1989	Nach Friedensgebeten in Kirchen fordern Zehntausende Erfurter auf dem Domplatz eine sofortige demokratische Erneuerung. Nun finden regelmäßig Donnerstagsdemonstrationen statt.
10. Dezember 1989	Zehntausende Erfurter bilden einen „Bürgerwall" entlang der ehemaligen inneren Stadtmauer, um dem Verfall und dem drohenden Abriss des historischen Stadtkerns entgegenzutreten.
20. Februar 1990	Vor rund 100.000 Menschen spricht Helmut Kohl bei der größten politischen Veranstaltung, die es je in Erfurt gab.

Buchhinweise

Erfurt in Farbe
Die 50er- und 60er-Jahre

Frank Palmowski

978-3-95400-553-6
19,99 €

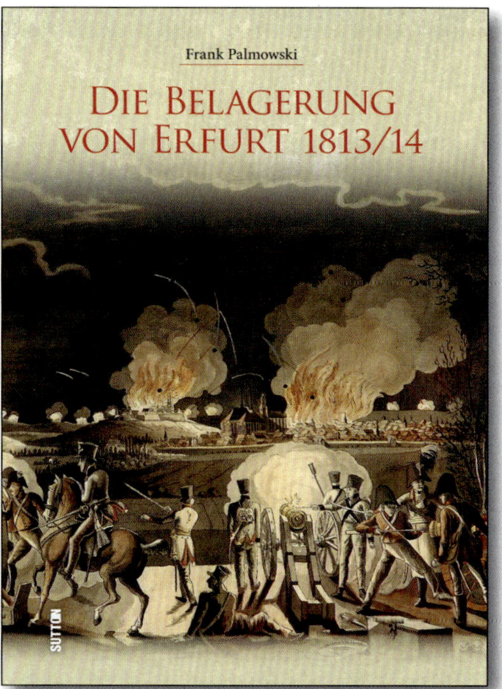

Die Belagerung von Erfurt
1813/14

Frank Palmowski

978-3-95400-604-5
19,99 €

Erfordia turrita. Türmereiches Erfurt
Rudolf Benl, Kerstin Richter
978-3-95400-248-1 | 22,95 €

Kampf um Erfurt
Die amerikanische Besetzung der Stadt im April 1945

Anja Buresch

978-3-95400-718-9
19,99 €

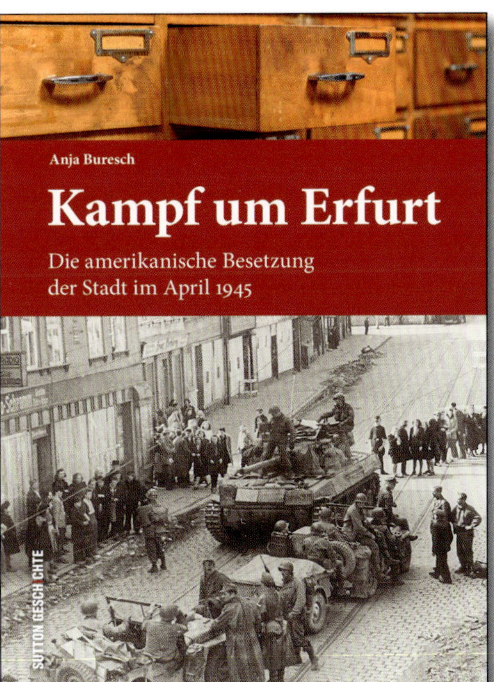

Weitere Bücher aus Ihrer Region finden Sie unter:
www.suttonverlag.de

CDU